Fred Pearce / Jan Winton

Die Erde soll weiterleben!

Aus dem Englischen von Edda Neumann
Vorwort von Johannes Mario Simmel

SCHNEIDER VERLAG

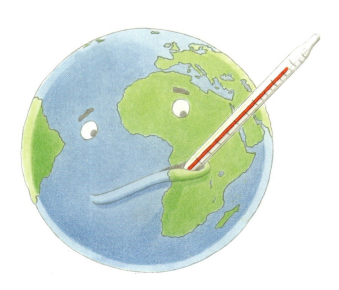

Unsere Erde ist sehr krank.
Wenn wir nicht schnellstens anders mit ihr umgehen,
wird sie sterben.
Das muß auch jedem Kind bewußt gemacht werden,
denn die Kinder sind es,
die auf der Erde nach uns leben werden.
Dieses großartige Buch erklärt, was wir tun können,
um die Erde noch zu retten.
Es ist vielleicht eine kleine Erde,
aber sie ist alles, was wir haben.

Johannes Mario Simmel

Inhalt

Zum Leben gerade recht		6
Eine Reise mit Hindernissen		8
Der große Balanceakt		10
Erste Menschenspuren		12
Wasser – Quell des Lebens		15
Die Erde in der Mülltonne		18
Die Vernichtung des Regenwaldes		20
Der Treibhauseffekt		22
Die Welt wird wärmer		24
Gefahr aus der Luft		26
Zeit zu handeln		28

Zum Leben gerade recht

Die Erde ist einer von den neun Planeten, die um die Sonne kreisen. Soweit wir wissen, ist die Erde der einzige Stern, auf dem es Leben gibt. Unsere nächsten Nachbarn, Mars und Venus, entstanden zur selben Zeit, auf dieselbe Weise und aus denselben Gesteinsarten. Warum also gibt es nur auf der Erde Leben und nirgendwo sonst?

Ein Grund ist die Sonnenwärme, der Sonnenschein. Ohne den gäbe es weder Pflanzen noch Tiere. Die Venus ist der Sonne viel näher als die Erde, sie wird deshalb viel heißer. Die Temperatur auf ihrer Oberfläche ist höher als in einem überheizten Backofen – über 450° C! Mars und die anderen sonnenferneren Planeten bekommen viel weniger Hitze ab als die Erde. Auf dem Mars würde man wie in einem Gefrierschrank leben – sehr, sehr kalt.

Nicht zu heiß und nicht zu kalt – wie wir unser Leibgericht am liebsten essen – ist die Temperatur der Erde. Zum Leben gerade recht.

Die Venus ist zu heiß ...

... der Mars ist zu kalt ...

... aber die Erde ist zum Leben gerade recht.

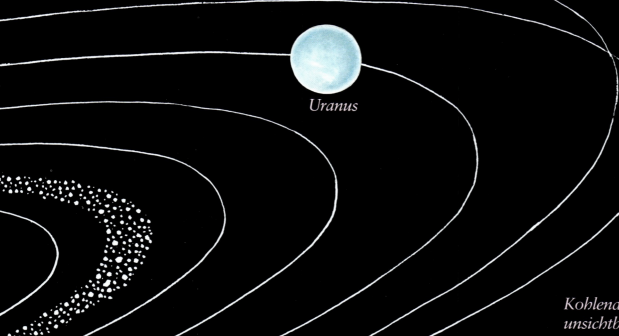

Pluto

Uranus

Wir verdanken das Leben auf der Erde auch der Atmosphäre – das ist die dicke Hülle von Gasen um unseren Planeten. Diese Hülle besteht aus Stickstoff, aus Sauerstoff und aus etwas Kohlendioxid und Wasserdampf. Sauerstoff brauchen wir zum Atmen, doch auch das Kohlendioxid ist lebenswichtig. Es wirkt wie eine Decke, in die unser Planet eingewickelt ist und die einen Teil der Sonnenhitze aufnimmt. Die Venus hat eine sehr dicke Kohlendioxidhülle, die sie sehr warm hält. Der Mars hat wenig Kohlendioxid, um die Hitze festzuhalten. Hätte die Erde keine Atmosphäre, wäre sie wie der Mars – eiskalt bei ungefähr – 20° C.

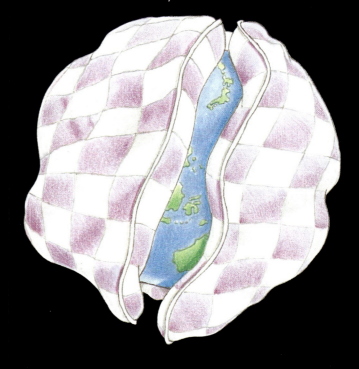

Kohlendioxid wirkt wie eine unsichtbare Decke, die Sonnenwärme festhält.

Obwohl wir die Sonne zum Leben brauchen, sind einige ihrer Strahlen für uns schädlich: Unsichtbare ultraviolette Strahlung verursacht Sonnenbrand, erhöht die Gefahr von Hautkrebs und anderen Krankheiten. Doch hoch oben schützt uns ein Teil der Atmosphäre und hält die schädlichen ultravioletten Strahlen zum großen Teil ab: die Ozonschicht. Ohne diesen Schutz könnte kein Wesen auf der Erdoberfläche überleben.

Die Ozonschicht ist wie eine Sonnenbrille, sie hält ultraviolette Strahlen ab.

Eine Reise mit Hindernissen

Die Erde entstand vor ungefähr 5 Milliarden Jahren. Ihre ersten Lebewesen waren winzige Organismen auf dem Grund der Meere. Sie entwickelten sich vor etwa 4 Milliarden Jahren. Lebewesen hatten es nicht immer leicht, auf der Erde zu überleben. Doch der Planet hat selbst nach größeren Störungen wie ein Drehkreisel immer wieder sein Gleichgewicht gefunden.

Vor über 2 Milliarden Jahren begannen Algen – das sind winzige schwimmende Pflanzen –, Sauerstoff zu produzieren. Der sammelte sich zunächst im Meer, dann stieg er in Blasen aus dem Wasser auf – so gab es zum ersten Mal Sauerstoff in der Atmosphäre. Die Algen veränderten also die Atmosphäre.

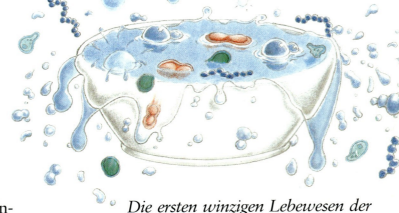

Die ersten winzigen Lebewesen der Erde bildeten sich wahrscheinlich in einer sämigen „Suppe" am Grunde der Ozeane. Das war vor etwa 4 Milliarden Jahren.

Viele der kleinen Organismen im Meer starben am Sauerstoff, der Gift für sie war. Doch andere Organismen konnten mit dem Sauerstoff entstehen und wachsen, auch die, die den Sauerstoff ursprünglich gemacht hatten. Das Sonnenlicht verwandelte etwas von dem Sauerstoff der Luft in Ozon, das eine besondere Art Sauerstoff darstellt. Also gab es nun Sauerstoff zum Atmen und eine Ozonschicht, die vor den schädlichen Strahlen der Sonne schützte, und so kamen die ersten Pflanzen und Tiere an Land. Das war vor einer Milliarde Jahren.

Vor etwa 1 Milliarde Jahren stiegen Lebewesen und Pflanzen aus dem Wasser an Land.

Einige Male in ihrer Geschichte erlebte die Erde Katastrophen aus dem Weltraum. Alle paar Millionen Jahre rasen Meteore – einige so groß wie eine ganze Stadt – vom entferntesten Ende unserer Milchstraße auf unseren Planeten zu. Gelegentlich krachen sie auf die Erde.

Der größte Meteor prallte vor 250 Millionen Jahren auf unsere Erde. Der Zusammenstoß brachte die Meere zum Kochen und entfachte riesige Brände. Die meisten Lebewesen starben aus. Doch im Lauf weniger Millionen Jahre erholten sich die Atmosphäre und die Ozeane, und es entstanden ganz neue Tierarten, so auch die Vorfahren der Saurier.

Einige Male krachten Meteore von der Größe ganzer Städte auf die Erde.

Noch ein Meteor traf wohl vor 65 Millionen Jahren auf die Erde. Wissenschaftler sagen, daß er den Planeten in Brand setzte und die Hälfte aller Lebewesen tötete, auch die Dinosaurier. Aber viele kleine Tiere überlebten. Sie entwickelten sich in Millionen von Jahren zu den Tieren – und auch zu den Menschen –, wie wir sie heute kennen.

Die ersten menschenähnlichen Wesen gab es vor ungefähr 2 Millionen Jahren auf der Erde. Damals verursachte ein kleiner Schlenker in der Kreisbahn der Erde um die Sonne die erste Eiszeit. Eisflächen breiteten sich vom Nordpol her aus, bedeckten schließlich große Teile des Planeten, auch Gegenden, in denen heute Städte wie London, New York und Berlin liegen. Dann zog sich das Eis langsam zurück. Es gab seither noch einige Eiszeiten, und jedesmal rottete das Eis viele Pflanzen- und Tierarten aus. In einigen tausend Jahren könnte unsere Heimat wieder unter einer kilometerdicken Eisschicht liegen.

Vor 2 Millionen Jahren war ein leichter Schlenker in der Kreisbahn der Erde um die Sonne der Grund für die Ausbreitung von Eisflächen auf dem Planeten.

Trotz der Hindernisreise der Erde durch die Zeiten blieb sie doch immer ein Ort, an dem Leben überdauern konnte. Doch heute steht das Leben auf der Erde vielleicht vor seiner größten Bedrohung durch ein Erdenwesen – den Menschen.

Heute wirft der Mensch einen langen Schatten auf die Zukunft des Lebens auf der Erde.

Der große Balanceakt

Als die Erde entstand, war sie ungeheuer heiß. Das geschmolzene Gestein auf ihrer Oberfläche kühlte ab und bildete eine dünne Kruste. Nach und nach entstand in Millionen von Jahren eine Atmosphäre. Sie setzte sich aus Gasen zusammen, die von Vulkanen aus dem flüssigen Erdinneren herausgeschleudert wurden. Diese Atmosphäre war ganz anders als die von heute. Sie enthielt keinen Sauerstoff und bestand fast nur aus Kohlendioxid, das mit anderen Gasen genug Sonnenwärme speicherte, um die Erde zu erwärmen. Diese Gase nennt man die Treibhausgase, weil sie wie Glasfenster in einem Treibhaus die Sonnenhitze festhalten.

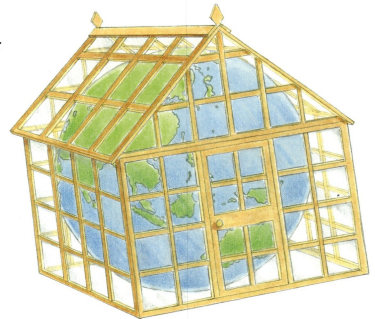

Wie die Glasfenster eines Treibhauses halten Gase, wie Kohlendioxid, die Sonnenhitze fest – und uns warm.

Als sich die erste Atmosphäre bildete, war die Sonne bei weitem nicht so heiß wie heute. Man könnte denken, die Erdtemperatur müßte daher eiskalt gewesen sein. Tatsache ist – Wissenschaftler haben es an Versteinerungen von 3 Milliarden Jahren alten Lebewesen erkannt –, daß das Klima ungefähr das gleiche war wie heute. Trotz des Auf und Ab der Temperatur, wie z.B. in den Eiszeiten, ist es auf der Erde nie zu heiß oder zu kalt für irgendeine Art von Leben geworden.

Als unsere Atmosphäre entstand, enthielt sie 98 Prozent Kohlendioxid.

Wieso blieb das Klima so beständig? Das Geheimnis liegt wohl bei den Treibhausgasen. Die Atmosphäre bestand zu 98 Prozent aus Kohlendioxid, als die Sonne noch kühler war. Doch als sie allmählich heißer wurde, nahm der Anteil von Kohlendioxid der Luft dramatisch ab, bis auf 1 Prozent heute. So, als ob die Erde einige dicke Decken abgeworfen hätte, um ihre Temperatur gleichmäßig zu halten. Doch wo blieb der Kohlenstoff?

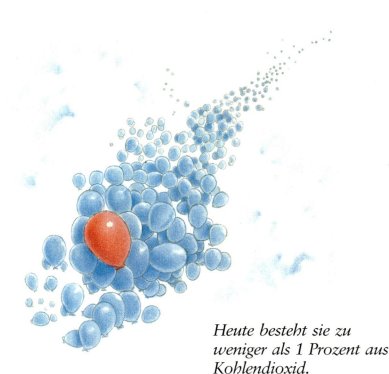

Heute besteht sie zu weniger als 1 Prozent aus Kohlendioxid.

In Hunderten von Jahrmillionen haben Lebewesen, besonders die im Meer, das Kohlendioxid der Atmosphäre aufgenommen. Sie brauchen den Kohlenstoff zum Wachsen, zum Bau von Geweben und Skeletten. Wenn sie sterben, fallen ihre Überreste auf den Meeresboden, wo sie schließlich zu Stein werden. Lebewesen waren wichtig bei der Regelung der Temperatur auf der Erde. Ohne sie wäre viel mehr Kohlendioxid in der Luft – und unser Planet wäre viel heißer.

Lebewesen machen unsere Umwelt lebensfreundlich, denn sie regeln die chemische Zusammensetzung von Luft und Wasser. Zum Beispiel verhindern sie, daß es zuviel Salz im Meer gibt. Sie halten auch den Sauerstoff der Luft unter Kontrolle. Seit Hunderten von Jahrmillionen besteht ungefähr ein Viertel unserer Atmosphäre aus Sauerstoff. Wenn dieser Anteil anstiege, würde es bald überall auf der Erde brennen; denn wo viel Sauerstoff ist, bricht viel schneller Feuer aus. Doch wenn es viel weniger Sauerstoff gäbe, würden die meisten Lebewesen, auch wir Menschen, ersticken.

Der Sauerstoff der Luft wird vom Sonnenlicht dauernd verändert. Doch Pflanzen ersetzen ihn, sie scheiden Sauerstoff aus. Ohne Pflanzen gäbe es bald keinen Sauerstoff mehr in der Atmosphäre.

Die Meere wirken wie ein Thermostat – sie nehmen Kohlendioxid aus der Luft auf und bewahren so die richtige Temperatur auf der Erde.

Unsere Atmosphäre vollführt einen ständigen Balanceakt. Zuviel Sauerstoff – und wir würden alle verbrennen, zu wenig – und wir würden ersticken.

Erste Menschenspuren

Der Mensch von heute, den man Homo sapiens nennt, erschien vor 40000 Jahren während der letzten Eiszeit. Aber es ist erst 10000 Jahre her, seit die Menschen anfingen, die Umwelt durch Ackerbau, Tierhaltung und Gründung von Städten zu formen und zu verändern. Damals gab es etwa 10 Millionen Menschen. Seither werden es mehr, doch gelegentlich steigt die Zahl stark an, und zwar immer dann, wenn die Menschheit herausfindet, wie man noch mehr Leute ernähren kann. Während der letzten 250 Jahre hat sich die Bevölkerungzahl der Erde von 500 Millionen auf 5 Milliarden Menschen erhöht.

Stell dir vor, die Menschheit wäre ein Güterzug, den die Lokomotive „Erde" zieht. Kein Problem für die Maschine, als es nur wenige Millionen Menschen waren! Aber nun muß sie 5 Milliarden Menschen ziehen, und der Treibstoff – Wasser und Brennstoff, die wir alle brauchen – kann knapp werden.

Selbst wenn sich heute die Bevölkerungszunahme verlangsamte, schätzen Wissenschaftler die Zahl der Menschen für das Jahr 2100 auf 10 Milliarden. Jedes Jahr werden es 80 Millionen Menschen mehr, und alle brauchen Nahrung und Wohnung. Als weniger Leute Bäume für Brennmaterial und Flußwasser zur Bewässerung der Felder und zum Bergbau brauchten, war der Schaden für die Umwelt gering. Jetzt, wo der Mensch fast alles verfügbare Land in Besitz genommen hat, sind die Schäden weltumfassend. Wohin wir auch sehen, wir finden die Fußspur des Menschen: Straßen durch die Regenwälder, Öltürme in der Arktis, Zäune der Viehzüchter, wo einst alle Tiere frei wandern konnten. Wenn die Menschen Land für Farmen und große Städte beanspruchen, rotten sie Pflanzen und Tiere aus. Doch wer weiß, wie viele davon wir in Zukunft noch brauchen werden?

Der Homo sapiens nimmt den Planeten in Besitz. Unberührte Plätze, wie tief im Innern der Regenwälder, der Wüsten und der Antarktis, sind sehr selten geworden.

Immer mehr Straßen werden gebaut, um Städte und Länder zu verbinden. Sie zerschneiden oft unberührte Landschaften.

Landwirte müssen immer mehr anbauen, um Milliarden von Menschen zu ernähren. Wissenschaftler züchteten neue Getreidesorten, die schneller reifen und größere Erträge bringen, dafür aber Dünger benötigen, um zu gedeihen, und Pestizide gegen Ungeziefer und Pflanzenkrankheiten. Diese Chemikalien aber stören wieder das natürliche Gleichgewicht der Pflanzen und Tiere, die auf oder in der Nähe der Felder leben.

Landwirte erwirtschaften heute von derselben Fläche den doppelten Ertrag als vor dreißig Jahren.

Vielerorts verlor der Boden seine natürliche Kraft, weil die Bauern ihre Böden oft ohne Ruhepause Jahr für Jahr pflügten, um mehr Ertrag zu erzielen. So wird der Boden schließlich wie Staub, wird vom Wind weggeweht oder vom Regen weggewaschen. Im Hochland von Äthiopien verlieren die Bauern ungefähr 3 Milliarden Tonnen Boden pro Jahr. Sie können ihre Familien nicht mehr ernähren. Auf diese Weise wird viel afrikanisches Bauernland zu Wüste.

Pestizide und Düngemittel sind im Boden chemische Fremdkörper. Nach einigen Jahren mit Rekordernten können mit der Zeit die besten Felder unfruchtbar werden.

Wenn Bauern ihr Land zu sehr auslaugen, löst sich die oberste Ackerbodenschicht ab.

Riesige Städte sind die größten Rohstoffverbraucher. Es gibt immer mehr davon, und ihre Bevölkerungszahl wächst ständig. Manche haben über 10 Millionen Einwohner – mehr als die ganze Weltbevölkerung vor 10000 Jahren. Bis zum Jahre 2000 wird in mehr als 25 solcher Riesenstädte fast die Hälfte der Weltbevölkerung leben. Besonders in armen Ländern ziehen jedes Jahr Tausende von Menschen in der Hoffnung auf Arbeit in die Städte. Meist hoffen sie vergebens. Sie leben dann in Slums am Stadtrand, oft ohne richtige Wohnung, Wasserversorgung oder Kanalisation.

Die anderen Weltgegenden verarmen, um die Millionenstädte mit dem Notwendigen zu versorgen. Mexiko City, die größte Stadt der Welt, ist nur ein Punkt auf der Landkarte, aber seine 19 Millionen Einwohner essen über die Hälfte der Nahrungsmittel Mexikos, verbrauchen mehr als die Hälfte des Öls für ihre Überzahl an Autos. Dreiviertel der Bewohner Chinas leben auf dem Land, doch Städte wie Peking verbrauchen dreiviertel der Elektrizität des Landes.

Überall auf der Welt wachsen die Riesenstädte.

Sie wühlen das Land um auf der Suche nach Metallen, Brenn- und Baustoffen.

Millionenstädte können ihren Müll nur auf dem sie umgebenden Land abladen.

Wenn die großen Städte sich ausbreiten, wird die Tierwelt vertrieben, und die Landschaft verkommt.

Wasser – Quell des Lebens

Es ist seltsam, daß wir unseren Planeten „Erde" nennen, wo er doch zu über 70 Prozent mit Wasser bedeckt ist. Wasser ist für Pflanzen und Tiere zum Überleben unentbehrlich, aber fast das gesamte Wasser befindet sich im Meer, ist salzig und für Menschen kaum brauchbar. Weniger als 3 Prozent ist Süßwasser, das meiste davon an den Polen oder in Gletschern zu Eis gefroren. So ist also weniger als 1 Prozent des gesamten Wassers der Erde im Binnensee-, Fluß- und Grundwasser zu finden, wo wir es nutzen können.

Die Erde ist größtenteils von Wasser bedeckt.

Wasser kann nicht vermehrt werden, es entsteht nicht neu, und es verschwindet nicht. Das Wasser, das wir verbrauchen, wird immer wieder genutzt. Wenn die Sonne die Meere und Seen erwärmt, steigen Millionen Liter Wasser als unsichtbarer Dampf in die Luft. Beim Aufsteigen kühlt der Wasserdampf ab und wird wieder zu winzigen Wassertröpfchen in den Wolken, die zum Teil landeinwärts geweht werden. Die Tröpfchen fließen zusammen – das nennt man Kondensation. Schließlich fallen sie als Regen herunter, und der Regen fließt vom Boden in die Flüsse, die wieder ins Meer strömen. Dann beginnt der Kreis neu.

Der natürliche Wasserkreislauf

Wolken bilden sich — *Wolken kondensieren* — *Regen fällt* — *Wasser fließt ins Meer zurück* — *Wasser verdampft*

Dieses Wasserleitungssystem der Natur ist Bedingung für das Leben, aber wir vergiften immer mehr des kostbaren Wassers, weil wir gefährlichen Schmutz in die Flüsse ablassen. Wenn das Wasser verdampft, bleibt der Schmutz zurück. Meist werden die Abwässer mit dem Schmutz der Menschen verseucht, besonders in vielen Gegenden Afrikas, Asiens und Südamerikas, wo die Leute nicht genug sauberes Wasser haben. Sie benutzen denselben Teich, See oder Fluß zum Waschen, Trinken und als Toilette. Die Abwässer der Menschen enthalten Keime von tödlichen Krankheiten. Abwässer werden in vielen Ländern gereinigt, um sie ungefährlich zu machen, doch anderswo leitet man ungeklärte Abwässer direkt in Flüsse oder Meere.

Unser kostbarer Wasservorrat wird immer mehr verschmutzt.

Wasser wird noch auf andere Weise verschmutzt. Industrieabfall wird sorglos in die Flüsse gespült. Gelegentlich werden Müllhalden oder unterirdische Tanks leck. Regen wäscht Pestizide in die Flüsse. Diese Schädlingsbekämpfungsmittel sickern in die natürlichen unterirdischen Vorkommen des sauberen Trinkwassers, die man durch Brunnengraben oder Bohrungen erreicht. Wenn dieses Wasser verseucht wird, bleibt das Gift immer darin. Einige Städte geben Milliarden aus, um Wasser zu säubern, das so verdorben wurde.

Giftige Metalle wie Quecksilber und Blei sind oft vergraben worden. Solche Abfallgruben sind Zeitbomben, weil niemand weiß, wann ihr Gift in das Grundwasser sickert, aus dem Millionen von Menschen ihr Trinkwasser gewinnen.

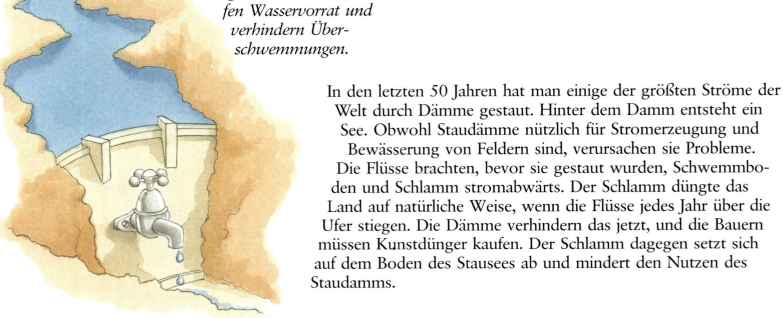

Dämme können das Wasser der Flüsse regulieren. Sie schaffen Wasservorrat und verhindern Überschwemmungen.

In den letzten 50 Jahren hat man einige der größten Ströme der Welt durch Dämme gestaut. Hinter dem Damm entsteht ein See. Obwohl Staudämme nützlich für Stromerzeugung und Bewässerung von Feldern sind, verursachen sie Probleme. Die Flüsse brachten, bevor sie gestaut wurden, Schwemmboden und Schlamm stromabwärts. Der Schlamm düngte das Land auf natürliche Weise, wenn die Flüsse jedes Jahr über die Ufer stiegen. Die Dämme verhindern das jetzt, und die Bauern müssen Kunstdünger kaufen. Der Schlamm dagegen setzt sich auf dem Boden des Stausees ab und mindert den Nutzen des Staudamms.

Die Flüsse bringen Salz aus dem Gebirgsgestein mit, das sie sonst direkt ins Meer befördern. Wird aber das Wasser aus einem Stausee auf die Felder verteilt, nehmen die Pflanzen das Wasser auf, und das Salz bleibt im Boden zurück. Feldpflanzen können im salzigen Boden nicht wachsen, so müssen Wissenschaftler sich jetzt bemühen, den Boden zu entsalzen und Pflanzen zu züchten, die Salz vertragen.

In Teilen von Indien, Pakistan, Mexiko und den USA machen weiße Salzkrusten manche Äcker für den Anbau von Feldpflanzen ungeeignet.

Lange Zeit dachten die Menschen, es sei unschädlich, Abfall ins Meer zu schütten. Sie glaubten, die Ozeane wären so groß, daß der Müll sich spurlos verteilte. Aber nun weiß man es besser. Viele Küstengewässer mit seichtem Wasser und ehemals großem Fischreichtum werden von Abwässern, Chemikalien und Müll verseucht. Lecks von Öltankern können einen dünnen kilometerbreiten Ölteppich auf der Meeresoberfläche hinterlassen.

Gift im Wasserkreislauf

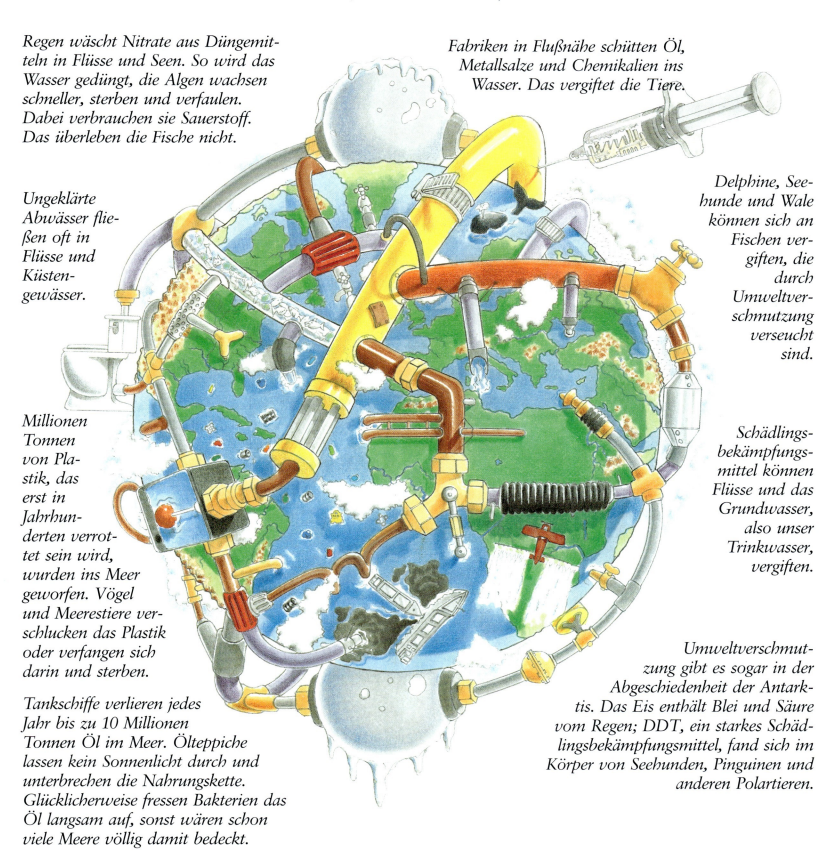

Regen wäscht Nitrate aus Düngemitteln in Flüsse und Seen. So wird das Wasser gedüngt, die Algen wachsen schneller, sterben und verfaulen. Dabei verbrauchen sie Sauerstoff. Das überleben die Fische nicht.

Ungeklärte Abwässer fließen oft in Flüsse und Küstengewässer.

Millionen Tonnen von Plastik, das erst in Jahrhunderten verrottet sein wird, wurden ins Meer geworfen. Vögel und Meerestiere verschlucken das Plastik oder verfangen sich darin und sterben.

Tankschiffe verlieren jedes Jahr bis zu 10 Millionen Tonnen Öl im Meer. Ölteppiche lassen kein Sonnenlicht durch und unterbrechen die Nahrungskette. Glücklicherweise fressen Bakterien das Öl langsam auf, sonst wären schon viele Meere völlig damit bedeckt.

Fabriken in Flußnähe schütten Öl, Metallsalze und Chemikalien ins Wasser. Das vergiftet die Tiere.

Delphine, Seehunde und Wale können sich an Fischen vergiften, die durch Umweltverschmutzung verseucht sind.

Schädlingsbekämpfungsmittel können Flüsse und das Grundwasser, also unser Trinkwasser, vergiften.

Umweltverschmutzung gibt es sogar in der Abgeschiedenheit der Antarktis. Das Eis enthält Blei und Säure vom Regen; DDT, ein starkes Schädlingsbekämpfungsmittel, fand sich im Körper von Seehunden, Pinguinen und anderen Polartieren.

Die Erde in der Mülltonne

Jeder Mensch hat seinen Anteil am Zustand unserer Erde, doch einige handeln schlimmer als andere. Menschen, die in reichen Industrieländern leben, verbrauchen den größten Teil der Rohstoffe der Welt. Sie bauen mehr Metalle ab, um daraus viele Dinge herzustellen, vom Auto bis zur Limodose. Sie verbrennen mehr aus Öl hergestelltes Benzin zum Autofahren. Sie verbrauchen mehr Gas und Elektrizität für Beleuchtung und Heizung, mehr Bäume für Holz und Papier und mehr Nahrungsmittel. Ein Viertel der Weltbevölkerung verbraucht dreiviertel der Rohstoffe der Welt. Allein die USA verbrennen jedes Jahr ein Viertel des Kohle- und Ölaufkommens der Erde, und sie verbrauchen mehr als ein Viertel der schwindenden Vorräte an Zink und Kupfer.

Viele Menschen sind wegen des Kinderreichtums in den ärmeren Länder besorgt. Aber: Ein Kind in einem Industrieland verbraucht ebensoviel wie 10 Kinder in einem armen Land.

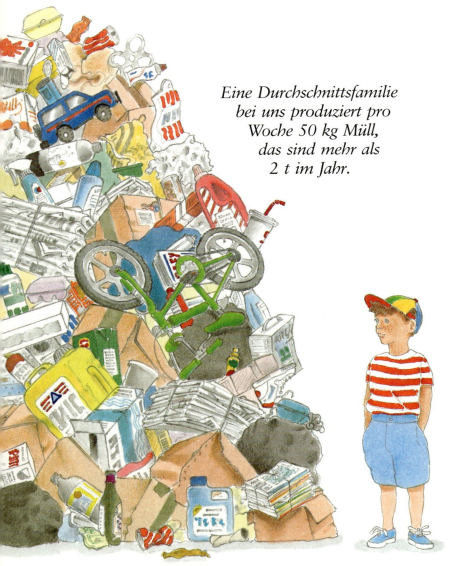

Eine Durchschnittsfamilie bei uns produziert pro Woche 50 kg Müll, das sind mehr als 2 t im Jahr.

In den „Wegwerfgesellschaften" Europas und Nordamerikas wird der Abfall meist durch die Abwasserröhren geschüttet oder von der Müllabfuhr geholt. Mehr als ein Drittel von dem, was wir wegwerfen, ist Papier oder Pappe. Jeder von uns wird in seinem Leben ungefähr 50 t Abfall wegwerfen, darunter Papier, das aus 200 Bäumen hergestellt wurde.

Die Menschen, die auf dem Land in armen Ländern leben, produzieren eigentlich überhaupt keinen Müll. Sie essen meist selbstangebaute Lebensmittel und kaufen keine abgepackten Eßwaren. Alle Essensreste dienen als Dünger für die nächste Ernte. Doch die Stadtbewohner dieser Länder haben ähnliche Wegwerfgewohnheiten wie die industrialisierte Welt und erzeugen riesige Müllberge. Die ganz Armen leben davon, aus diesen Müllhaufen Dinge herauszuwühlen, die sie verkaufen können.

Unsere Erde wird mehr und mehr mit Abfall übersät. Wo der Mensch auch hinkommt, immer hinterläßt er Müll. Stell dir vor: Eine Getränkedose, die gedankenlos aus dem Auto geworfen wurde, kann noch in 500 Jahren dort liegen, wenn niemand sie aufhebt. Der ganze Abfall der Menschen muß irgendwo bleiben. Meist wird er entweder verbrannt oder vergraben. In vielen Ländern wird der Platz knapp, wo man Abfall sicher deponieren kann, und Wissenschaftler haben Bedenken wegen der gefährlichen Chemikalien, die bei der Abfallverbrennung in die Luft gelangen. Einige Städte lassen ihren Müll auf Schiffen in andere Länder transportieren oder ins Meer schütten.

Die Erde ist unsere Mülltonne geworden.

Die Flüsse und Meere sind unsere Abwasserkanäle.

Die meisten von uns denken nicht nach, wohin der Müll verschwindet – wenn er nur verschwindet. Das ist, als ob man Dreck unter den Teppich kehrt!

Um das Abfallproblem zu lösen, müssen wir unseren Müll, wenn irgend möglich, wiederverwenden. Glasflaschen, Metalldosen und Zeitungen kann man zurück zu den Fabriken schicken, wo man daraus neue Flaschen, Dosen und Papier macht. Dadurch entsteht weniger Abfall, und wir sparen Rohstoffe.

Man kann fast alles wiederverwenden – Papier, Pappe, Metall, Glas, Dosen, alte Kleider, Essensreste. Wenn etwas nicht wiederverwendet werden kann, frag dich selbst: Brauchst du das überhaupt?

Die Vernichtung des Regenwaldes

Vor noch nicht 100 Jahren waren die meisten Gegenden am Äquator – in Brasilien, Zentralafrika und auf den indonesischen Inseln – mit weiten, feuchten, dampfenden Wäldern bedeckt, die man Regenwälder nennt. Sie sind ein großartiges Meisterwerk der Natur. Sie bedecken nur 6 Prozent des Landes, aber sie sind Heimat für mehr als die Hälfte aller Pflanzen- und Tierarten der Erde, das sind rund 15 Millionen Arten! Auch Millionen von Menschen leben dort, die meisten noch sehr einfach. Sie jagen Tiere und schaffen kleine Lichtungen für ihre Pflanzungen. Aber Fremde nehmen ihnen das Land weg und benutzen es für landwirtschaftliche Zwecke, für den Holzhandel – zum Verkauf der gefällten Edelhölzer –, für die Viehzucht. Die Zerstörung der Regenwälder wäre eine Katastrophe, sowohl für die gesamte Natur als auch für die dort lebenden Menschen.

Das Dunkelgrün auf dem Landkartenbaum zeigt, wo Regenwälder wachsen.

Bäume sind wie Riesenschwämme, die große Mengen Regenwasser aufsaugen. Etwas vom Wasser verdampft in der Sonnenhitze, der Rest fällt durch die schattenspendenden Baumkronen hinunter auf den Boden.

Die Pflanzenwurzeln halten die Feuchtigkeit in der Erde und dem Boden fest.

Ein Regenwald ist eine riesige Wasser- und Wettermaschine. Er braucht viel Regen zum Wachsen, doch im ewigen Wasserkreislauf produziert er auch Regen. Wasser wird im Boden, in den Bäumen und sogar in der Luft gespeichert.

Wenn es auf die Bäume regnet, tropft das meiste Wasser auf die Blätter, nicht auf den Boden.

In der Hitze der Sonne verdampfen die Regentropfen in die Luft.

Der Wasserdampf wird weggeweht, bildet neue Wolken, die wieder auf den Wald herniederregnen.

Im Regenwald herrscht vollkommenes Gleichgewicht zwischen Pflanzen und Tieren.

Beide haben dabei ihre Rolle zu spielen. Es ist wie bei einer Pyramide aus Dosen im Supermarkt. Die Bäume und Tiere, die von den Ureinwohnern gebraucht werden, sind die Dosen an der Spitze. Sie können unbedenklich weggenommen werden.

Doch der Hauptteil des Waldes sind die Dosen am Boden. Wenn man sie wegnimmt, bricht die ganze Pyramide zusammen. Abholzen des Waldes bedeutet Tod für seine Menschen, Tiere und Pflanzen.

Wenn die Bäume abgeholzt werden, fällt der Regen direkt auf den Boden und fließt in Flüsse und Meere. Er wäscht dabei den Waldboden aus, der vorher von den Baumwurzeln festgehalten wurde. Wenn es weniger Bäume gibt, die den Wasserkreislauf in Gang halten, gibt es weniger Regen, und der Boden wird trockener.

Regenwälder spielen eine wichtige Rolle für die Regenmenge, und das nicht nur in Ländern mit Regenwäldern, sondern für die ganze Erde. Wenn wir mehr der sehr großen Regenwälder Brasiliens und Zentralafrikas abholzen, wird sich das Weltklima überall verändern.

Jede Sekunde einer Minute einer Stunde eines jeden Tages wird ein Stück Regenwald von der Größe eines Fußballfeldes zerstört. Jeden Tag verschwindet eine Tier- oder Pflanzenart für immer.

Wenn man die Bäume abholzt, ist es, als ob man einen riesigen Stöpsel im Wasserkreislauf herauszieht. Ohne Bäume, die das Wasser speichern, geht es verloren.

Es gibt in den Regenwäldern viele Pflanzen, die als Nahrung und Arznei wertvoll sind. Man könnte vielleicht noch Tausende mehr entdecken, doch wenn die Zerstörung der Wälder weitergeht, werden wir sie vielleicht nie finden.

Der Treibhauseffekt

Die Zerstörung der Regenwälder verändert das Gleichgewicht der Gase in der Atmosphäre. Bäume verbrauchen Kohlendioxid, wenn sie wachsen, aber wenn sie verbrennen oder nach dem Fällen verfaulen, setzen sie Kohlendioxid frei. Wird Kohlendioxid schneller freigesetzt als aufgenommen, ist mehr davon in der Luft. So wird mehr Sonnenwärme festgehalten und der natürliche Treibhauseffekt der Erde verstärkt.

Fossile Brennstoffe – also Öl, Kohle und Gas – sind die Reste alter Wälder, die vor vielen Millionen Jahren wuchsen. Wenn wir sie verbrennen, wird ebenfalls Kohlendioxid in die Atmosphäre geschickt.

Jeder Baum, jede Tonne Kohle oder Öl enthält verborgenen Kohlenstoff. Werden sie verbrannt, geht Kohlenstoff als Kohlendioxid in die Atmosphäre – so wie ein Ballon, der Gas verströmt, wenn man ihn ansticht.

Vor rund 200 Jahren wurden die ersten Fabriken gebaut. Ungefähr zur selben Zeit begann die Zahl der Erdbewohner schnell zu wachsen. Um die Hinzukommenden zu ernähren, zu kleiden und zu wärmen und um Fabriken zu betreiben, fällte man Wälder und verbrannte immer mehr fossile Brennstoffe. In den letzten 200 Jahren hat das Kohlendioxid der Atmosphäre um ein Drittel zugenommen.

Die Erde steht in Flammen. Jedes Jahr brennen Farmer Regenwald ab, um neues Land für den Ackerbau zu gewinnen. Noch mehr Kohlendioxid erzeugen Kraftwerke und Autos in Industrieländern.

Methan wird von speziellen Bakterien erzeugt. Sie leben in Mooren und Sümpfen, in morastigen Reisfeldern, in Müllkippen und den Gedärmen des Viehs. Auch Erdgas enthält Methan.

Menschen sorgten auch für die Vermehrung anderer „Treibhausgase" in der Atmosphäre. Eines davon ist Methan. Dieses Gas wird von Bakterien in faulenden Abfallhaufen produziert, es entsteht in Sümpfen und überfluteten Reisfeldern und in den Eingeweiden von Rindern und Schafen, die es durch Fürze und Rülpser ausscheiden. Zunahme des Reisanbaus, der Viehhaltung und der Mülldeponien bedeutet Anwachsen von Methan in der Luft. Seine Menge hat sich in den letzten 200 Jahren verdoppelt.

Alle diese Dinge enthalten oder funktionieren mit FCKWs.

Industriell hergestellte Chemikalien, die man Fluorchlorkohlenwasserstoffe oder einfach FCKWs nennt, sind die dritte Art von Treibhausgasen. Man benutzt sie in Kühlschränken, Klimaanlagen, Schaumstoffen und – bis vor kurzem – in Spraydosen.

Alle diese Treibhausgase sammeln sich in der Atmosphäre und halten mehr Wärme fest. Das Ergebnis ist, daß die Welt sich mehr und mehr erwärmt. Wissenschaftler nennen das „globale Temperatursteigerung". Sie hat anscheinend schon begonnen, denn die 80er Jahre waren das wärmste Jahrzehnt seit der Wetteraufzeichnung. Wenn die Treibgase wie bisher weiter in der Atmosphäre zunehmen, kann die Temperatur weltweit bis zum Jahr 2030 um 4° C ansteigen.

Die Erde ist überhitzt – wie ein Mensch an einem heißen Sommertag.

Die Welt wird wärmer

Du wirst jetzt denken: Was macht es schon, wenn sich die Erde um 4° C erwärmt? Eine Abkühlung von 4° C würde jedoch schon genügen, uns in die Eiszeit zurückzuversetzen. Bei einem Anstieg von 4° C würde die Erde wärmer, als sie es jemals in den vergangenen 100 000 Jahren war, und das Klima geriete durcheinander. Klimatologen (Leute, die das Wetter beobachten) haben genug Daten über Veränderungen der Regenmengen und Temperaturen auf der Welt gesammelt, um sich darüber einig zu sein, daß die Erde wärmer wird, aber sie wissen nicht genau, wie sich das an jeder einzelnen Stelle des Planeten auswirken könnte. Jedenfalls meinen sie, daß das Wetter unberechenbarer werden wird.

Globale Erwärmung ist wie eine extra Decke, die um die Erde gewickelt wird.

Die extremen Wettererscheinungen der 80er Jahre – Hitzewellen, Dürren, Überschwemmungen, Wirbelstürme – erklärten einige Wissenschaftler als Zeichen der globalen Erwärmung, die durch kleine Veränderungen in der Durchschnittstemperatur oder der Regenmenge verursacht werden. Große Schäden entstehen dadurch. Wenn zum Beispiel ein Gebiet jahrelang unter Dürre leidet, fallen die Ernten aus, und es herrscht Hungersnot. Das ist in einigen Teilen Afrikas bereits der Fall.

Globale Erwärmung wird sich am stärksten in den Polargebieten auswirken. Das Eis dort wird anfangen zu schmelzen.

Wenn das Polareis schmilzt, steigt der Meeresspiegel. Land, das nicht viel über dem Meeresspiegel liegt, wie das Nil- oder das Yangtsedelta, Bangladesch oder Florida, wird überflutet.

Die Wissenschaftler sagen, daß die Erwärmung nicht überall gleich sein wird, die Tropen werden nur etwas wärmer, aber der Nord- und der Südpol könnten sich um 8° C erwärmen. Jede Veränderung in der Wärmeverteilung auf der Erde bringt Regenfälle und Windströmungen durcheinander.

In einer wärmeren Welt wird mehr Wasser aus den Meeren verdampfen, und es wird mehr Regen und Stürme in Küstennähe geben. Aber im Landesinneren verdampft in den heißen Sommern die Feuchtigkeit aus dem Boden, die Felder vertrocknen, Ernten fallen aus. Zwei der Hauptgetreideanbaugebiete – der Mittlere Westen von Amerika und die Ukraine in der Sowjetunion – liegen weit im Binnenland und sind also gefährdet. Wärmeres Wetter wird allerdings Ackerbau in Gegenden ermöglichen, die jetzt zu kalt dafür sind, wie in Sibirien und Nordkanada.

Wenn der Regen ausbleibt und der Boden austrocknet, könnten aus den Kornkammern der Welt dürre Wüsten werden.

Die Ozeane werden durch die Hitze der Luft erwärmt. Da Wasser sich ausdehnt, wenn es warm wird, steigt der Meeresspiegel. Poleiskappen und Gletscher schmelzen, daher steigt der Meeresspiegel noch weiter. Ein Anstieg von nur 1 Meter im nächsten Jahrhundert würde Küsten und niedrigliegendes Land überfluten, wo Millionen Menschen leben. Salzwasser würde das umgebende Land unfruchtbar machen. Viele der größten Städte der Welt liegen am Meer, wie New York, London, Shanghai und Sydney – sie würden überflutet.

Ausbreitung der Wüsten und Überschwemmungen bringen Hunger und Heimatlosigkeit für Millionen Menschen, besonders in armen Ländern. Wohin sollen diese Umweltflüchtlinge gehen?

Wenn das Polareis ganz schmilzt, steigt der Meeresspiegel um 60 Meter. Das würde aber viele Jahrhunderte dauern.

Gefahr aus der Luft

Die Atmosphäre wird nicht nur wärmer, sondern auch schmutziger. Hauptsächlich die Autoabgase sind daran schuld, aber auch Kraftwerke und Fabriken. Die fossilen Brennstoffe erzeugen beim Verbrennen gefährliche Abgase, die krank machen. Die Luftverschmutzung ist oft im Sommer am schlimmsten, wenn das Sonnenlicht die Gase in dunstige Schwaden verwandelt, die man Smog nennt.

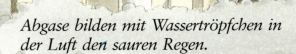
Abgase bilden mit Wassertröpfchen in der Luft den sauren Regen.

Einige der Gase, hauptsächlich Stickstoff und Schwefeldioxid, steigen auf zu den Wolken. Dort dringen sie in die Wassertröpfchen ein und machen sie sauer. Diese Tröpfchen fallen, oft Tausende Kilometer von der Quelle der Verschmutzung entfernt, als saurer Regen zur Erde.

Der saure Regen verändert die Mineralien im Boden. Er löst einige auf, wie Calzium und Magnesium, die von Pflanzen benötigt werden. Andere, schädliche, setzt er frei, wie zum Beispiel Aluminium. Bäume werden vom sauren Regen schwer mitgenommen, Tannennadeln z.B. bekommen gelbe Punkte und fallen ab; die Äste werden dünn, die Wurzeln nehmen Schaden, und schließlich sterben die Bäume.

Der saure Regen und das Aluminium können in die Flüsse und Seen gelangen und dort Wasserlebewesen töten. Einige Seen sind so sauer, daß kaum noch etwas in ihnen lebt.

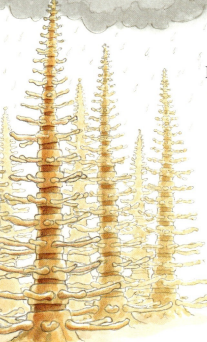
Millionen Nadelbäume in Europa und Nordamerika sind am sauren Regen gestorben.

Viele Länder verschmutzen jetzt die Luft viel weniger als früher. Ihre Kraftwerke sind sauberer und produzieren so weniger sauren Regen. Auch neue, mit „Katalysatoren" ausgestattete Autos, die Auspuffgase filtern, verbessern die Situation.

Schnecken und Flußkrebse sterben als erste, wenn das Wasser sauer wird, danach Lachse und Forellen. Nur Aale halten saures Wasser aus.

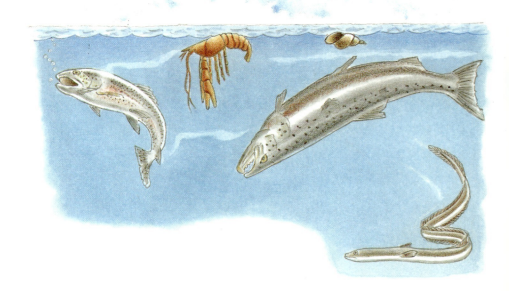

Saurer Regen ist so säurehaltig wie Zitronensaft, er zerstört Stein und Metall. Viele Millionen werden jedes Jahr ausgegeben, um Schäden an Kirchen und Steinkunstwerken zu reparieren.

Die Luftverschmutzung schädigt auch die Ozonschicht, die uns vor den schädlichen ultravioletten Strahlen der Sonne schützt. Hauptsächlich die FCKWs sind schuld daran.

Man hielt FCKWs für sehr sichere Chemikalien, da sie normalerweise nicht verbrennen, sich nicht zersetzen oder irgendwie verändern. Leider verändern sie sich durch ultraviolettes Licht aber doch. Die FCKWs steigen allmählich durch die Atmosphäre bis zur Ozonschicht auf, wo die ultraviolette Strahlung stärker ist. Diese zersetzt die FCKWs, und Chlor wird freigesetzt. Das Chlor reagiert zusammen mit dem Ozon und zerstört es.

Im Frühling 1984 entdeckten Wissenschaftler ein riesiges Loch in der Ozonschicht über der Antarktis. 1989 fand man auch über dem Nordpol ein Loch. Über anderen Gebieten, wie über Australien, wird die Ozonschicht ebenfalls dünner.

Das Loch in der Ozonschicht ist wie ein Riß in der Sonnenbrille der Erde, durch den schädigende ultraviolette Strahlen eindringen.

Die Algen im Meer sind empfindlich gegen ultraviolette Strahlen und könnten umkommen, wenn die Ozonschicht zu dünn wird. Das wäre verhängnisvoll für Seetiere, die Algen fressen. Die Nahrungskette würde unterbrochen.

Jetzt, da man den Schaden erkannt hat, den die FCKWs verursachen, hat man in manchen Ländern den Gebrauch verboten und Fabriken gedrängt, die Produktion einzustellen. Die meisten Spraydosen enthalten nun kein FCKW mehr, und die Wissenschaftler bemühen sich, es auch in anderen Produkten zu ersetzen.

Zeit zu handeln

Kannst du nun sehen, wie alle Teile zusammenpassen? Die Erde ist wie ein Puzzle. Festland, Meer, Luft, Lebewesen – alle sind sie verbunden. Wenn wir das Wasser vergiften, den Boden zerstören, Tiere und Pflanzen ausrotten, Wälder verbrennen und die Luft verschmutzen, so ist das, als würden wir einige Puzzlesteine wegwerfen. Jeder Teil des Planeten wird betroffen.

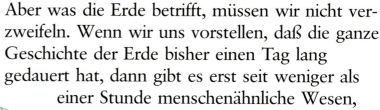

Aber was die Erde betrifft, müssen wir nicht verzweifeln. Wenn wir uns vorstellen, daß die ganze Geschichte der Erde bisher einen Tag lang gedauert hat, dann gibt es erst seit weniger als einer Stunde menschenähnliche Wesen, und den Homo sapiens seit weniger als einer Sekunde. So betrachtet, sind die Menschen nur eine weitere Störung für einen Planeten, der alle Arten von Katastrophen überlebt hat.

Die Natur wird überleben. Sogar in den am meisten verschmutzten Städten oder Flüssen können einige Wesen noch leben. Aber wir sollten darüber nachdenken, ob wir nicht die Erde für *uns* unbewohnbar machen. Wird der Treibhauseffekt unseren Planeten in eine unerträglich heiße Wüste verwandeln? Rotten wir die Pflanzen- und Tierarten aus, die uns in Zukunft ernähren und heilen könnten? Können wir die Ozonschicht retten, die uns schützt?

Es kann sein, daß nichts auf der Erde so zerstörerisch ist wie der Mensch, aber wir haben einen großen Vorteil vor anderen Lebewesen. Wir können uns bewußt werden, was wir unserer Umwelt antun, und uns Wege ausdenken, wie wir sie retten können. Viele Länder halten schon ihre Flüsse sauber und begrenzen die Verschmutzung, die den sauren Regen bringt. Die Regierungen vieler Länder taten sich zusammen, um schnell handeln zu können, sobald es den wissenschaftlichen Beweis gab, daß Umweltschadstoffe ein Loch in der Ozonschicht verursachten. Man macht Pläne für internationale Maßnahmen, um die Zerstörung der Regenwälder aufzuhalten und den Treibhauseffekt zu verlangsamen

Aber wir können die Dinge nicht einfach den Regierungen überlassen. Wir alle müssen helfen. Du magst denken, daß deine einzelnen Handlungen keinen Einfluß auf die Krise der Erde haben können. Aber sie können es wohl! Erinnere dich: Viele der Probleme, denen wir jetzt gegenüberstehen, wurden durch die Handlungen von Millionen einzelner Menschen verursacht. Genauso kann jede unserer Aktionen der Umwelt helfen. Wenn jeder von uns soviel tut, wie er oder sie kann, wird unsere schöne Erde für uns und kommende Generationen weiter bestehen. Auf uns kommt es an!

Als erstes solltest du mehr Informationen sammeln. Hier haben wir einige der Organisationen aufgezählt, mit denen du dich in Verbindung setzen kannst. Doch die Liste ist nicht vollständig. Lies am besten weitere Bücher über Umweltthemen, schau dich in der Bibliothek oder im Buchladen um.

Informationen, wie du etwas für die Umwelt tun kannst, bekommst du bei den Umweltreferaten der Gemeinde- und Kreisbehörden deines Wohnorts, außerdem bei folgenden Adressen:

Bund für Umwelt und Naturschutz
Deutschland e.V. (BUND)
Im Rheingarten 7
5300 Bonn 1
Tel. 02 28/4 00 97-0

Bundesverband Bürgerinitiativen
Umweltschutz e.V. (BBU)
Prinz-Albrecht-Str. 43
5300 Bonn 1
Tel. 02 28/21 40 32/33

David gegen Goliath e.V.
(DagG)
Königinstr. 47
8000 München 22
Tel. 0 89/34 82 32

Deutscher Alpenverein, Referat für
Natur-und Umweltschutz
Praterinsel
8000 München 22
Tel. 0 89/2 35 09 00

Deutscher Naturschutzring e.V.
(DNR)
Kalkuhlstr. 24
5300 Bonn 3
Tel. 0228/441505
und 44 22 77

Greenpeace e.V.
Vorsetzen 53
2000 Hamburg 11
Tel. 0 40/3 11 86-0

Robin Wood Gewaltfreie
Aktionsgemeinschaft
für Natur und Umwelt e.V.
Postfach 10 21 22
2800 Bremen 1
Tel.04 21/7 86 80

Umweltbundesamt (UBA)
Bismarckplatz 1
1000 Berlin 33
Tel. 0 30/88 90 31

World Wide Fund for Nature
(WWF)
Hedderichstr. 110
6000 Frankfurt/Main 90
Tel. 0 69/60 50 03-0

Der zweite Schritt ist, zu handeln. Erkundige dich, wo und wie du Glas und Metall fürs Recycling abgeben kannst. Spar zu Hause Energie. Schalte das Licht aus, wenn du es nicht brauchst. Geh zu Fuß oder nimm das Rad, anstatt dich überall im Auto hinfahren zu lassen. Warum nicht auch Recycling in der Schule organisieren? Mach mit bei Aktionen an deinem Wohnort!

Denk daran: Du kannst viel dafür tun, daß die Erde umweltfreundlicher und schöner für alle wird!

Die Deutsche Bibliothek – CIP-Einheitsaufnahme

Die Erde soll weiterleben! / Fred Pearce ; Jan Winton. Aus dem Engl. von Edda Neumann. Vorw. von Johannes Mario Simmel. – München : F. Schneider, 1992
 Einheitssacht.: Ian and Fred's big green book <dt.>
 ISBN 3-505-04599-3
NE: Pearce, Fred; Winton, Jan; EST

© 1992 by Franz Schneider Verlag GmbH
Frankfurter Ring 150 · 8000 München 40
Alle Recht vorbehalten
Text: © 1991 Fred Pearce
Illustrationen: © 1991 Ian Winton
Originaltitel: Ian and Fred's Big Green Book
created and produced by
David Bennett Books Ltd., St. Albans
first published 1991 by Kingfisher Books Ltd., London
Übersetzung aus dem Englischen: Edda Neumann
Umschlaggestaltung: Adolf Bachmann
Lektorat: Susanne Härtel
Herstellung: Hermann Staltmaier
Satz: FIBO Lichtsatz GmbH, München
ISBN: 3-505-04599-3